SUPPLÉMENT.

Extrait du xxve volume des Mémoires de la Société Royale
des Antiquaires de France.

Extrait du xive volume des Mémoires de la Société Royale des Antiquaires de France.

SUPPLÉMENT

AU RÉCIT FAIT PAR CHORIER,

DES DÉSORDRES

QUI ACCOMPAGNÈRENT, EN 1562,

L'OCCUPATION DE GRENOBLE

PAR LES PROTESTANTS,

Lu à la Société royale des Antiquaires le 29 mai 1838,
et inséré dans le tome XIV (4ᵉ de la seconde série) de ses
Mémoires,

Par M. BERRIAT-SAINT-PRIX.

PARIS,

C.-H. LANGLOIS, LIBRAIRE,
RUE DES GRÉS-SORBONNE, Nº 10.

1838.

SUPPLÉMENT

AU RÉCIT FAIT PAR CHORIER,

DES DÉSORDRES

QUI ACCOMPAGNÈRENT, EN 1562,

L'OCCUPATION DE GRENOBLE

PAR LES PROTESTANTS.

Dans son histoire générale de Dauphiné[1], Chorier fait le récit de ce qui se passa en 1562, lors de l'occupation de Grenoble par les protestants, vers le commencement de la première guerre civile[2].

(1) 2 vol. in-fol., 1661 et 1672. (Le second volume est beaucoup plus recherché que le premier.)
(2) On sait que le massacre de Vassy (1ᵉʳ mars 1562) en fut le signal. On peut consulter pour cet événement si important nos Observations sur plusieurs lettres des Guises, *aux Mémoires de la Société des Antiquaires de France*, tom. IV (1823, p. 133 et suiv., 485 et suiv., surtout p. 141 et 485), où nous avons donné des éclaircissements à peu près neufs, d'après des lettres authentiques et le récit encore inédit d'un contemporain.

Nous avons trouvé, dans les délibérations du conseil de ville de Grenoble[1], et surtout dans un procès soumis ensuite au parlement de Dauphiné, des documents authentiques, propres, soit à confirmer, soit à rectifier, soit à compléter le récit de Chorier. Nous allons en soumettre le résultat à la société en y joignant aussi une copie de ces documents lorsque cela sera nécessaire.

Après un récit des premiers succès du fameux baron des Adrets[2], chef des protestants du midi pendant l'hiver de 1562, dans le Vivarais, le Viennois et le bas Dauphiné (t. II, p. 557), et de la terreur que son approche inspirait aux catholiques de Grenoble, Chorier raconte que les protestants de cette ville en profitèrent pour obtenir divers avantages, entre autres la remise des clefs des portes des remparts. Mais les catholiques y avaient encore des chefs puissants et zélés : Guillaume de Portes, second président du parlement, Pierre Bucher, procureur-général, Abel de Buffevent, vice-baillif, et Jean Robert et Jean Paviot, l'un avo-

---

(1) A l'égard du Recueil précieux qui contient ces délibérations, *voyez* nos Remarques sur les anciens jeux des mystères, *aux Mémoires de la Société des Antiquaires*, tom. V (1823), p. 163 et suiv., surtout p. 165.

(2) François de Beaumont, baron des Adrets, né en 1513, au château de la Frette, en Dauphiné, mort en 1587. Sa vie a été écrite par Gui-Allard, en 1675, et d'après lui par Martin, en 1803... *Voir* aussi Bayle, mot Beaumont; la généalogie de la maison de Beaumont, citée ci-après, note 2, p. 35; Brantôme, Discours 70, édit. de 1740, vij, 280.

cat, l'autre quatrième consul de la ville. On jugea nécessaire de les éloigner. « Des Adrets, dit Chorier (II, 558), leur fit commander par un nommé Acquin[1] de sortir de la ville. « Il n'y avait pas à délibérer pour eux, ajoute l'historien; ils se retirèrent à Chambéri. »

Mais pourquoi n'y avait-il pas à délibérer pour eux? Voilà ce que Chorier ne nous dit point, et ce que nous apprennent au contraire les registres de la municipalité de Grenoble. On y lit en effet :

Le 1er mai 1562, le conseil de Ville s'est assemblé dans la maison de M. Genthon-Calignon, consul; le sieur d'Acquin s'y est présenté « soi-di- « sant ayant charge du seigneur des Adrets, étant « de présent à Valence, lequel auroit remontré au « conseil d'avertir le sieur Paviot, consul, et « Me Jean Robert, avocat (membre du conseil), « d'avoir à s'absenter de la présente cité dans « vingt-quatre heures, sous peine d'estre pendus « et estranglés. »

Nous comprenons maintenant s'il y avait à délibérer à l'ouïe d'un semblable ordre donné par ce guerrier féroce qu'un historien contemporain[2]

--

(1) C'était sans doute un des officiers du baron... La généalogie déjà citée, place (tom. I, p. 563) au nombre des vassaux d'un Beaumont, en 1595, noble Jehan-André Acquin.

(2) Nostradamus, histoire de Provence, 1614, part. 7, p. 795.

Le célèbre président de Thou, qui avait vu et observé avec

nomme le monstre du Dauphiné, et pour qui c'était un jeu de faire précipiter ses prisonniers, les mains liées, du haut d'une tour fort élevée [1]; de ce guerrier, néanmoins, à la famille duquel un prélat

soin, Des Adrets, à Grenoble, en 1572, en fait un portrait (*Thuanus, de Vita sua*, p. 6, *ad. calc. operor.*, édit. de 1621) dont Bayle (mot Beaumont, note P, édit. de 1715, tom. I, p. 538) induit que son visage marquait la férocité de son caractère... et d'ailleurs le même de Thou dans son Histoire (liv. 31, édit. de 1620, ij, 135,) le peint ainsi : *Adretius, homo naturâ ferus, et qui occasionem fundendi humani sanguinis quæreret.* (*V.* aussi Brantôme, *suprà*, p. 281.)

(1) Suivant une tradition recueillie par des auteurs contemporains (*Voy.* Bayle, *suprà*, note C., p. 534), Des Adrets, à la prise de Montbrison, forçait les prisonniers à se précipiter eux-mêmes. Il faut que cette tradition ait paru avoir un fondement solide puisqu'on admet le fait dans la généalogie de Beaumont (*voy.* pag. 27, la note finale) et qu'on s'y borne à nier que des soldats du baron fussent placés au bas de la tour pour recevoir sur les pointes de leurs lances, les corps des prisonniers. Nous devons toutefois remarquer que dans une gravure du temps (Œuvre de Torterel, au cabinet des estampes de la Bibliothèque royale), où l'on représente le siége de Montbrison, l'on voit les prisonniers, non pas se précipiter eux-mêmes, mais être précipités les mains liées derrière le dos, et on lit dans la légende, ces mots : « Le grand donjon duquel Des « Adrets fait sauter plusieurs prisonniers, tant gentilshommes « que soldats. » (*Voir* encore Brantôme, p. 281.)

Ajoutons que cela est exactement conforme au récit de Théodore de Bèze (*Histoire des Églises Réformées*, 1580, t. III, p. 224), qui, écrivant longtemps après la défection de Des Adrets, n'avait pas intérêt à le ménager, et ne le ménage pas non plus, car il note, comme un nouveau motif de le blâmer,

célèbre du XVIIIe siècle, Christophe de Beaumont, archevêque de Paris, quoique très pieux et doué de toutes les vertus privées, se faisait un honneur d'appartenir, parce que Des Adrets était général d'armée[1] près de deux siècles avant la promotion de son arrière-cousin à l'épiscopat[2].

Quoi qu'il en soit, le conseil de Grenoble répond à ce doux message, que Paviot et Robert sont déjà partis, l'un l'avant-veille, et l'autre le

---

cette circonstance que Des Adrets faisait faire l'exécution « de sang-froid et comme pour passe-temps après son dîner. »

Mais nous devons aussi ajouter que de Thou (liv. 31, édit. de 1620, ij, 136), après avoir fait un récit semblable à celui de Théodore de Bèze, raconte l'anecdote, néanmoins peu conciliable avec ce récit, l'anecdote si connue de ce prisonnier qui prenait plusieurs fois son élan pour se précipiter, et auquel une réponse heureuse aux reproches de Des Adrets sur son hésitation, fit obtenir sa grâce de ce guerrier farouche. (A l'égard des motifs par lesquels Des Adrets cherchait à excuser ses cruautés, *voy.* le présent mémoire, pag. 26 et 27.)

(1) D'après Chorier (II, 557), il se disait colonel des légions de Dauphiné, Provence, Lyonnais et Auvergne, et *général* des compagnies assemblées pour le service de Dieu et la délivrance du Roi. Ce sont à peu près les mêmes titres que lui donne son historien (Gui-Allard, p. 28, cité par Bayle, *suprà*, note O, p. 538). D'après plusieurs témoins de l'enquête que nous allons analyser (1er, 7e et 8e, p. 16, 41 et 47), il se disait commander généralement aux provinces de Dauphiné, Languedoc, Lyonnais, Forez et Beaujolais. (Ils ne parlent point de l'Auvergne.)

(2) Christophe de Beaumont avait été nommé évêque de Bayonne, en 1741 (*voir* d'ailleurs ci-après note 2, p. 35).

matin même; qu'on les avertira s'ils reviennent, et il prie M. d'Acquin « de porter les très humbles « recommandations de la cité au seigneur Des « Adrets. »

Cependant, selon le récit de Chorier (II, 558, 559), le parlement de Grenoble parvint à faire une espèce de traité entre les deux partis. On convint, le 3 mai, que les huguenots pourraient se livrer aux cérémonies de leur culte dans le monastère des cordeliers, alors situé hors des remparts (on a depuis fait une citadelle sur son emplacement); mais un des officiers du redoutable baron, Pierre de Theys, dit le capitaine *La Coche*, étant entré dans la ville, les huguenots se livrèrent à toutes sortes d'excès contre les églises, à l'exception de la cathédrale; encore ne fut-elle respectée que peu de temps. Les autels, dit Chorier, furent abattus, les images effacées, les statues brisées. L'arrivée du baron acheva la désolation des catholiques. Dès le 12 mai (neuf jours à peine après le traité) l'exercice de leur religion fut défendu. Enfin, le 3 juin, les huguenots apprirent par un petit clerc, dont on ne s'était pas défié, qu'on avait caché dans un tombeau de la chapelle des Cassards, faisant partie de la cathédrale, ou église de Notre-Dame, les riches chasubles, les mitres épiscopales, les reliquaires d'or, d'argent, et tout ce que le clergé avait de plus précieux pour le service divin. Ce trésor, et bientôt aussi l'argenterie et les reliques des autres églises, furent portés au baron, qui les destina aux frais de la guerre.

Il y a un fond de vérité dans ce récit. Il s'y trouve toutefois plusieurs inexactitudes, et surtout plusieurs omissions, comme nous l'avons reconnu par une pièce du procès déjà cité.

Pour apprécier le mérite de cette pièce, il faut citer quelques faits.

Le baron Des Adrets avait non-seulement spolié l'église, mais détruit les archives de la cathédrale où se trouvaient les titres féodaux du chapitre. Après la paix, en 1564, le chapitre chercha à faire reconnaître par les censitaires, les rentes dont ils étaient tenus d'après ces titres. Beaucoup d'entre eux s'y prêtèrent de bonne foi, mais beaucoup d'autres s'y refusèrent, et l'on ne voit pas sans surprise, au nombre des récalcitrants, des magistrats du plus haut rang et des gentilshommes[1]. Forcé d'interrompre ses poursuites à cause des nouvelles guerres civiles et ensuite des guerres de la Ligue, le chapitre les reprit sous Louis XIII, et alors les redevables lui opposèrent la prescription centenaire.

---

(1) Laurent Prunier, seigneur de Saint-André, et Gaspard-Béatrix Robert, présidents au Parlement; Jean-Louis Lemaistre, Jean Audeyer et Claude de Simiane, seigneur de la Coste, conseillers; Marc de Bazemont, Pierre Fléard, seigneur de Pressins, et Pierre Leblanc, présidents des comptes; François

Voilà du moins ce que les chanoines exposèrent, en 1621, au parlement de Grenoble, par une requête[1] à la suite de laquelle ils obtinrent, le 8 mars, une permission d'établir, par une enquête d'examen à futur[2], la spoliation et destruction de leurs archives.

Le greffier du parlement, nommé commissaire pour l'enquête, y procéda au mois d'avril.

Cinquante-neuf années s'étant écoulées depuis la spoliation, on ne pouvait entendre comme témoins que des gens d'un âge fort avancé. Mais comment constater leur âge à une époque où, dans certaines paroisses, il n'y avait point de registres de l'état civil, et où, dans d'autres, les actes en étaient rédigés avec une singulière négligence, comme nous l'avons établi dans un autre ouvrage[3]?

Voici le parti qu'on prit, et qu'il paraît d'ailleurs qu'on prenait en pareille circonstance. On fit entendre plusieurs (six) témoins[4] pour attes-

---

Gallien, seigneur de Chabons; Claude de Bergerand, etc. (p. 64 et 65 de la requête citée ci-après.)

(1) Elle est transcrite et certifiée à la suite de l'enquête.

(2) Ces sortes d'enquêtes ont été abrogées par l'ordonnance de 1667 (tit. 13, art. 1). Elles étaient surtout en usage lorsque, comme dans l'hypothèse actuelle, les témoins étant fort âgés, on pouvait craindre qu'ils ne mourussent avant qu'on pût ordonner une enquête ordinaire et y procéder.

(3) Recherches sur la législation et la tenue des actes de l'état civil, aux *Mémoires de la Société des Antiquaires de France* (tom. IX, 1832, p. 245 et suivantes).

(4) On donne à quatre de ces témoins la qualité de mar-

ter, sous serment, l'âge approximatif des témoins à entendre sur les faits principaux. Ils déclarèrent que, de ces derniers témoins, au nombre de dix, les uns avaient trois-vingt-douze, quatorze, quinze, seize et dix-huit ans, c'est-à-dire soixante-douze à soixante-dix-huit ans, et les autres quatre-vingts à quatre-vingt-quatre ans, et que tous étaient des gens d'honneur, et avaient, malgré leur âge, conservé toute leur mémoire[1].

Cette enquête préliminaire est à la tête, et la requête dont nous avons parlé, à la fin de l'enquête principale (*voy.* p. 12); nous en mettons sous les yeux de la Société l'extrait authentique.

Les dépositions de l'enquête principale étant uniformes sur la plupart des faits, il serait fastidieux de les reproduire toutes. Nous nous bornerons à en donner une des plus étendues, la troisième, en citant celles qui la confirment, et en y intercalant, d'après d'autres dépositions, les faits principaux qui y sont omis.

La déposition dont il s'agit est celle d'un

---

chands; à un autre (page 6), celle de bourgeois, et enfin, au dernier, celle de citoyen. Le greffier faisait donc une différence entre un *citoyen* et un *bourgeois*. Mais en quoi consistait cette différence? Voilà sur quoi l'enquête ne nous fournit aucun document.

(1) Vacation du 14 avril 1621, enquête, p. 1 à 8. Voici les qualités de ces dix témoins: un président et un procureur au parlement, deux notaires, deux marchands, un graveur, un ancien huissier, deux cordonniers.

nommé Monnet-Simonet[1], tailleur et graveur du roi à la monnaie de Grenoble[2], âgé de soixante-quinze ans, et fils de feu Claude Simonet, orfèvre dans la même ville; elle fut, comme chacune des autres, précédée d'une lecture de la requête des chanoines et d'une prestation de serment. La voici.

« Dépose être bien mémoratif que, lors des « premiers troubles de guerre qui arrivèrent en « cette province, à cause des religions, qui fut en « l'année 1562, la ville de Grenoble fut surprise « par ceux du parti de la religion prétendue ré-« formée, lesquels étoient gouvernés et comman-« dés par le sieur Des Adrets, et dans ladite ville « par le capitaine La Coche, du lieu de Theys[3], et « leurs troupes pillèrent et ravagèrent les maisons « particulières des habitants, comme aussi les « églises de la ville, et notamment celles de Notre-« Dame et des Cordeliers. »

Avant d'aller plus loin, observons que Chorier ne fait aucune mention de ce pillage des maisons particulières des habitants, attesté toutefois par

(1) Vacation du 15 avril 1621, p. 23 et suiv.
(2) Cet établissement fut supprimé en 1772; il restait toutefois encore à Grenoble une juridiction ou tribunal des monnaies. (*Encyclop. méthod.*, *Finances*, mot *monnaies*, t. III, p. 155; *Almanach génér. du Dauphiné*, 1790, p. 36.)
(3) *Idem*, premier et cinquième témoins, p. 16 et 25. Le premier ajoute qu'un nommé Bernard, de Grenoble, était le lieutenant de La Coche.

d'autres témoins, tels que le second (p. 22), le septième (p. 41) et le huitième (p. 52), dont deux (les deuxième et huitième) observent qu'il s'agissait des catholiques, et ajoutent que beaucoup de ceux-ci quittèrent la ville.

« Exercèrent, continue Simonet, à l'endroit « des catholiques, plusieurs mauvais traitements[1], « et principalement contre les ecclésiastiques, « lesquels ils maltraitoient en leurs personnes sans « aucun respect. »

Chorier omet encore ce fait, attesté aussi par d'autres témoins, les quatrième, sixième, septième, huitième et neuvième (p. 30, 39, 43, 49 et 57), dont l'un, le huitième (p. 49), s'exprime en ces termes :

« Etoient les ecclésiastiques, tant vieux que « jusnes (jeunes), qu'on pouvoit prendre et saisir, « si maltraités en leurs personnes, et avec telle « cruauté, que tous ceux qui pouvoient sourtir et « eschapper hors ladite ville furent contraints « de s'enfuir et réfugier en Savoie pour garantir « leurs vies[2]. »

Abattirent, reprend Simonet, en parlant des troupes protestantes, « abattirent les images, et « celles qui étoient de bois les brûlèrent aux « places publiques[3]. »... Mais ce fut, ajoute le

---

(1) *Idem*, premier témoin, p. 16.
(2) *Idem*, les 5 dépositions citées au texte.
(3) *Idem*, 1re, 5e, 6e, 7e, etc. déposit., p. 16, 33, 38, 42, etc.

neuvième témoin (p. 57), après les avoir fait traîner par les rues de la ville, en irrision et moquerie[1], et entre autres l'image (statue) « de saint Christophe, qui fut traînée irrévéremment (p. 59) et avec plusieurs insolences[2]. »

« Et, continue Simonet, pour les images qui « étoient de pierre, les rompoient et défiguroient[3]; « se saisirent aussi des vases d'or et d'argent, « croix, calices, ciboires et autres reliques, et empor- « tèrent le tout, ensemble les vêtements et habille- « ments sacerdotaux (le quatrième témoin dit (p. 29)

---

(1) *Idem*, 2e, 7e, 8e, etc. déposit., p. 20, 42, 48, etc.

(2) Théodore de Bèze (*suprà*, p. 255), après avoir dit que le jour de la mort de Lamotte-Gondrin (ou le 27 avril, p. 253), les notables protestants assemblés à Valence, en choisissant pour chef Des Adrets, avaient arrêté qu'en attendant plus particulier avertissement du prince de Condé on ne toucherait en sorte que ce fût aux biens ecclésiastiques, *ains*, que pour empêcher tels désordres, les temples resteraient clos et fermés, ajoute : «Et cela fut fait et observé jusques à ce que les nouvelles du brisement des images par tout le royaume fussent arrivées, n'ayant été lors possible de les garantir en Dauphiné non plus qu'ailleurs. »

Ensuite, à l'occasion de l'arrivée de Des Adrets à Grenoble (p. 257) avec des troupes, il dit : «Lesquelles troupes étant arrivées il ne fut possible de garantir les images des autres temples, desquelles une partie fut brûlée depuis en plusieurs places de la ville; et en avoit été fait autant et dès auparavant partout le Dauphiné, hormis à Embrun et Briançon. »

Ainsi, il excuse un désordre par l'exemple de désordres semblables et de désordres commis par les gens de son parti même !

(3) *Idem*, 8e témoin, p. 48.

« aussi qu'ils convertirent ces habillements[1] à leur
« usage), au logis du sieur Des Adrets[2], qui contrai-
« gnit par menaces et intimidations les orfèvres de
« ladite ville de travailler à la fonte desdits vases et
« ornements l'espace de trois semaines ou un mois,
« pour fabriquer une partie de la monnoie appe-
« lée vulgairement les Testons du roi mourveux[3]. »

Ici se présentent plusieurs observations.

En premier lieu, selon Chorier, on l'a dit, p. 11,

---

(1) Il ajoute plus loin (p. 30) que plusieurs particuliers les imitèrent à cet égard.

(2) Il était, selon les 8e et 9e témoins, à la trésorerie, c'est-à-dire dans l'édifice sur l'emplacement duquel le connétable de Lesdiguières fit dans la suite construire son palais (aujourd'hui l'hôtel de la mairie et de la préfecture).

(3) Voici tout ce que Théodore de Bèze (*suprà*, p. 258) raconte au sujet des faits indiqués dans ce fragment de la déposition de Simonet. Après avoir dit que de Lyon, Des Adrets revint à Grenoble, il ajoute que, deux jours après, vers le 4, furent découvertes et portées en sa maison les reliques de l'église cathédrale, à savoir, les images de saint Hugues et de saint Vincent, appelés patrons de ladite église, une autre de la Vierge Marie avec quelques croix et calices, et la mitre épiscopale : le tout mis en inventaire, et pesé et estimé deux cent soixante marcs d'argent. Ces reliques furent aussitôt envoyées à Valence, dont il se fit grand murmure en la ville, alléguant les habitants de l'une et de l'autre religion qu'il les fallait retenir et en faire battre monnaie au coin du roi, pour en souldoyer la garnison. Ce qu'étant rapporté à Des Adrets, il leur en fit telles remontrances en une assemblée générale, en laquelle assistèrent François de Saint-Marcel, évêque, et plusieurs conseillers du roi en parlement et chambre des comptes, et grand peuple de l'une et de l'autre religion, qu'ils approuvèrent le transport de ladite

ces objets précieux furent destinés aux frais de la guerre, tandis que, d'après Simonet, il n'y en eut qu'une partie; et en effet cinq autres témoins, les premier, deuxième, septième, neuvième et dixième (p. 17, 20, 42, 43, 56 et 62), nous apprennent qu'une partie de ces objets fut convertie *en vaisselle*. Ainsi, on le voit, l'illustre guerrier ne s'oubliait pas, et sans doute son pieux arrière-cousin [1] ignorait cette circonstance; car quelque éclat que les exploits d'un guerrier [2] jetassent sur sa famille, il n'aurait pas pu tenir à honneur la parenté d'un voleur sacrilége [3], d'un homme dont un des principaux motifs pour abandonner le parti des huguenots fut qu'il n'y avait plus de calices ni de reliques à piller [4].

En second lieu, Chorier ne parle point de ces monnaies d'argent si curieuses appelées les *Testons*

---

(1) Si la généalogie de la maison de Beaumont est exacte, l'archevêque de Paris descendait d'un frère cadet du 4ᵉ aïeul du baron.

(2) Des Adrets se fit une haute réputation (*voir* Brantôme *suprà*, p. 289), non-seulement par sa bravoure, mais encore plus par son incroyable activité. On le voit paraître presque dans le même temps, et à plusieurs reprises, à Valence, à Grenoble, à Lyon, à Montbrison, etc., et franchir dans un jour des intervalles qui pour d'autres chefs auraient exigé des semaines. On est même obligé d'examiner avec soin les mémoires et les actes contemporains pour éviter de confondre dans une seule expédition plusieurs expéditions très distinctes.

(3) Voyez p. 27 et suiv., surtout p. 35, les notes déjà citées.

(4) Mémoires de Castelnau, liv. IV, chap. 2, édit. de Le Laboureur, 1659, tom. I, p. 148.

du roi morveux, et dont nous n'avons point non plus trouvé d'échantillon dans la riche collection du musée de la Monnaie[1]. Elles sont toutefois citées, non-seulement par Simonet, mais par plusieurs autres témoins (les septième et neuvième, p. 42 et 56).

En troisième lieu, la qualification *du roi morveux* ne fut point, comme on pourrait le croire, donnée par dérision à ces monnaies, à cause de l'âge de Charles IX, qui alors n'avait pas douze ans accomplis (né le 22 juin 1550), mais, nous dit le neuvième témoin (p. 56), à l'occasion d'un *trait* que l'effigie du roi avait au-dessous du nez.

Revenons à la déposition de Simonet. « Et, dit-
« il, parce que le père du déposant fut l'un de ceux
« employés à ladite fonte et fabrique, ledit dépo-
« sant se ressouvient d'avoir remarqué parmi les-
« dits vases et argenteries les images d'argent ou
« reliques des corps de saint Hugues et saint Vin-
« cent, qui furent pris dans ladite église de Notre-
« Dame. »

---

(1) Elles paraissent aussi avoir été inconnues à Le Blanc. En effet, dans son savant *Traité des Monnaies de France* (in-4°, 1690), après avoir décrit les monnaies de Charles IX et donné, dans ses planches, des types de ces monnaies, il se borne à dire (p. 335) : « Je passe sous silence les testons que ceux de la religion protestante firent faire, sur lesquels Charles IX étoit représenté avec un nez fort long »... ce qui n'a aucun rapport avec *le trait sous le nez*, dont nous allons parler au texte.

Voici encore une occasion de présenter des remarques.

Premièrement, ces reliques et autres objets précieux avaient été cachés, non, comme le dit Chorier (ij, 557), dans un tombeau de la chapelle des Cassards[1], mais dans celui de Laurent Allemand, évêque de Grenoble[2], disent les septième et neuvième témoins, p. 41 et 55.

Deuxièmement, cette cachette, pour employer l'expression d'un témoin (le neuvième, p. 58), fut découverte aux huguenots par un petit clerc de la cathédrale; mais fut-ce de plein gré, ainsi que Chorier le donne à entendre? Voilà ce qui est incertain. Selon deux témoins, dont l'un indique le nom du clerc (cinquième et huitième, p. 35 et 50), celui-ci fut intimidé, effrayé par les menaces des huguenots; selon un autre (neuvième, p. 55 et 56), qui le désigne par un nom différent, il dévoila le secret à sa mère, qui, huguenote zélée, en fit part à Des Adrets.

Troisièmement, ces reliques précieuses, avant d'être remises à Des Adrets, furent, comme les images (autre fait omis dans Chorier), portées publiquement dans la ville par irrision et moquerie (premier et deuxième témoins, p. 17 et 20), et les soldats qui en étaient chargés plaçaient dans leurs

---

(1) Famille noble du Dauphiné, remontant au XIVe siècle. (*Voir les Nobiliaires* de Chorier et d'Allard, à ce mot.)
(2) Mort en 1518 (Chorier, II, 517).

bottes, aussi par une espèce de moquerie, les manches des croix d'argent et les baguettes aussi d'argent[1] des serviteurs de l'église (deuxième témoin, p. 22).

4° Enfin, au nombre de ces reliques, se trouvait également, d'après le huitième témoin (p. 48 et 49), le coffre d'argent où était l'image ou statue de saint Hugues.

Revenons encore au texte de la déposition de Simonet.

« Les archives de l'église Notre-Dame furent
« aussi forcées, brisées et rompues, et les titres et
« documents y étants, comme aussi les gros livres,
« desquels on se servoit à l'église, portés en la
« place du banc de Mal-conseil (aujourd'hui la
« place des Herbes), où ils furent publiquement
« brûlés et remis en cendres, et le reste fut dé-
« chiré, rompu ou emporté. »

Ces deux faits, encore omis par Chorier, sont aussi attestés par les cinquième, sixième, septième, huitième et neuvième témoins (p. 34, 36, 38, 40, 56 et 57), dont quelques-uns ajoutent (cinquième, septième et neuvième témoins, p. 34, 42 et 56) que l'incendie eut lieu, en outre, sur la place des Cordeliers et dans le cimetière de la cathédrale; que les gens de guerre faisaient trophée (neuvième témoin, p. 57) de déchirer les papiers et

---

(1) Cela était facile alors parce que les bottes étaient fort larges et fort ouvertes à leurs extrémités supérieures.

livres; qu'ils en emportèrent une partie à leurs demeures (huitième témoin, p. 48), ou les livrèrent à des pelletiers ou épiciers (septième et huitième témoins, p. 44 et 48), et que de simples particuliers les imitèrent pour ce pillage (quatrième et cinquième témoins, p. 30 et 34). Enfin l'un des témoins (huitième, p. 53), en 1621, avait encore en son pouvoir un registre de baptêmes et un terrier féodal.

« Pareillement, reprend Simonet, les maisons
« des chanoines, prêtres et autres ecclésiastiques,
« furent pillées et saccagées, et partie desdits ec-
« clésiastiques pris prisonniers et les autres chas-
« sés et mis hors de la ville, et leurs meubles
« papiers et documents pris, pillés et saccagés [1].
« Partie des cloches furent aussi abattues, rom-
« pues, brisées et emportées par ceux du parti [2],
« lesquels, outre ce, découvrirent partie de ladite
« église Notre-Dame, notamment celle de Saint-
« Vincent [3], où l'on célèbre le divin service de la
« paroisse. (On n'arrive à cette église, placée au-

---

(1) *Idem*, les 1er, 2e et 6e témoins, p. 18, 22 et 39.

(2) Deux témoins, les 1er et 7e (p. 16 et 43), exceptent la plus grosse cloche de l'église Notre-Dame, « laquelle les protestants ne purent descendre quoiqu'ils fissent beaucoup d'efforts. »

(3) Ce fait est aussi attesté par le 5e témoin (p. 36), qui ajoute que la pluie tombait dans cette église... D'autres (1er, 7e, 8e et 9e, p. 18, 45, 51 et 59) déclarent qu'ils ne s'en souviennent pas.

EN 1562.

jourd'hui sous le vocable de saint Hugues, qu'en traversant l'ancienne cathédrale.)

« Et ce que dessus le déposant dit bien savoir « pour l'avoir vu, parce qu'étant jeune garçon, « âgé seulement de quinze ou seize ans, il couroit « çà et là par la ville pour voir lesdits ravages « (presque tous les témoins [1] agirent de même); « et vit fondre lesdites reliques durant plusieurs « jours au logis dudit sieur Des Adrets, là où il « suivoit son père, qui étoit employé à ladite fonte. « Auroit aussi vu brûler lesdits livres en la place « du Banc de Mal-Conseil, qui étoient en des gros « volumes de livres [2], et à iceux étoient attachées « des chaines de fer. Vit aussi abattre l'image du « corps de saint Christophe dans l'église des Cor-« deliers, même qu'un des soldats desdites trou-« pes, habitant de cette ville, rue Saint-Laurent « qui étoit tisserand (deux témoins, les sixième et « septième, p. 32 et 44, disent qu'il se nommoit « Chouvet), après avoir attaché une corde au cou « de l'image dudit saint Christophe pour l'abattre « et le faire tomber, fut du même jour exécuté à « mort en ladite place du Banc de Mal-Conseil, « proche du lieu où l'on brûloit les livres, images

(1) Tels que les 5e, 6e et 7e (p. 35, 38 et 43).
(2) Voir les dépositions citées au texte, p. 21, alin. 4. Dans l'une d'elles (5e, p. 36 de l'enquête), il est dit de *grands et gros volumes de livres*. (Nous avons encore entendu, il y a 20 ou 25 ans, des crieurs employer à Grenoble cette singulière expression.)

« et titres de ladite église Notre-Dame, pour avoir
« tué une femme à coups de poignard, qui se
« trouva enceinte, quoiqu'elle fût sa parente. »

Nous nous arrêterons un moment à ce fait si grave, dont il est inutile de répéter que Chorier ne parle pas. Selon le sixième témoin (p. 38), « Chouvet faisant traîner l'image ou statue de saint Christophe par la ville, par irrision ou moquerie, comme il fut en la rue Saint-Laurent, il y eut certaine femme laquelle le voulut reprendre et remontrer de la susdite insolence; en haine de quoi il se rua contre icelle et la blessa de quelques coups de couteau et de poignard, de quoi elle mourut; à l'occasion duquel meurtre ledit soldat fut exécuté à mort. » Selon le septième témoin (p. 44), « Chouvet, après avoir fait traîner l'image par la ville, en fit faire des formes de souliers; » ce qui ne pourrait s'accorder avec la prompte exécution de l'assassin, à moins qu'avant d'être arrêté il n'eût commandé ce singulier emploi de la statue et qu'on n'eût suivi ses projets sur ce point.

Quoi qu'il en soit, le plus important à remarquer, c'est la prompte justice qu'on fit de l'assassinat, et nous voudrions pouvoir en attribuer l'honneur à Des Adrets lui-même; mais la chose est fort incertaine, parce que les pillages paraissent avoir commencé avant son arrivée à Grenoble [1], et qu'il

---

(1) Le 1er et le plus notable des témoins, Fustier, président

s'y était fait précéder comme gouverneur par Jean des Vieux, seigneur de Brion, dont Chorier (tome. II, p. 559) fait un grand éloge.

Revenons à la déposition de Simonet ; il la termine en ces termes :

« Et fut ladite violence, pillerie et saccagement,
« continuée tout autant de temps que lesdits de la
« religion demeurèrent maîtres de ladite ville et
« jusques à la publication de la paix [1]; après la-
« quelle lesdits habitants catholiques commencè-
« rent à se retirer, et les ecclésiastiques à repren-
« dre les exercices de leurs offices, par le moyen
« des commissaires qui furent députés par le roi à
« l'exécution de l'édit de paix [2]; laquelle ne fut
« point de longue durée, d'autant que bientôt après
« survinrent les seconds troubles [3], qui durèrent
« aussi quelques années par intervalles. Et depuis,
« en l'année huitante-cinq (1585), se fourma des
« nouveaux partis entre ceux du roi et de la ligue,
« qui ont aussi longtemps duré comme il est no-

au parlement, déclare que les ravages s'augmentèrent lorsque Des Adrets vint en cette ville.

(1) Premier édit de pacification donné à Amboise, le 19 mars 1562 (vieux style), confirmé par celui du 16 août 1563, au *Recueil général des anciennes lois françaises*, tom. XIV, p. 135 et 142. (Il ne fut pas exécuté tout de suite en Dauphiné, et surtout à Grenoble. Voir Chorier, tom. II, p. 591 et suiv.)

(2) *Idem*, les 2e, 4e, 5e, 7e, 8e et 9e témoins, p. 22, 30, 36, 45, 52 et 57.

(3) En 1567. Voir Chorier, tom. II, p. 615 et suiv.; Histoire généalogique de Beaumont, tom. I, p. 317.

« toire. Qu'est tout ce qu'il a dit savoir, dûment
« enquis, etc. Signé, Monnet-Simonet. »

En terminant cette espèce de supplément à l'histoire de Chorier, il est impossible de ne pas gémir et gémir profondément sur les désordres et surtout les crimes qui accompagnent les guerres civiles. Les pièces authentiques dont nous venons de présenter le texte ou l'analyse nous dévoilent quelques-uns de ceux des protestants ; d'autres ne peignent pas sous un jour plus favorable les catholiques. Des Adrets cherchait même à excuser ses cruautés sur les exemples qu'ils en avaient donnés, et assurait en un mot, qu'il n'avait fait qu'user de pures représailles ; et il est en effet bien établi et reconnu, même par plusieurs écrivains du parti opposé, que des horreurs du même genre que les siennes avaient d'abord été commises à Orange par les catholiques [1]. Il avait voulu,

---

(1) Voir Bayle, mot Beaumont, note C, édit. de 1715, tom. I, p. 534.

Il suffit aussi de renvoyer à ce qu'en rapporte, non Théodore de Bèze (tom. III, p. 262, 285), que son opinion religieuse rend suspect, mais le président de Thou (liv. 30, édit. de 1620, tom. II, p. 135). Des prisonniers, les uns étaient tués à petits coups de dagues, souvent répétés, *sic ut se mori sentirent*; les autres, ou précipités sur les pointes des lances et des épées des soldats, ou accrochés aux crémaillières des cheminées et brûlés, etc., et tout cela sans aucune distinction d'âge ni de sexe, ... sans aucun égard pour les malades, les femmes enceintes.... Or, Orange avait été pris vers le milieu de juin, et la ville (Montbrison) où Des Adrets fit précipiter ses

disait-il, forcer ceux-ci à abandonner la *mauvaise* guerre pour faire la *bonne* guerre, en leur montrant que les réformés étaient en état aussi bien qu'eux de faire la mauvaise comme la bonne guerre; système déplorable, que justifient malheureusement trop d'exemples, et d'autant plus déplorable qu'il peut servir de prétexte aux cruautés de personnages d'un naturel féroce, à des hommes tels qu'un Des Adrets [1].

NOTE FINALE.

Renvoi de la page 18, mots : *il n'aurait pas pu tenir à honneur la parenté d'un voleur sacrilége.*

Tout le monde a rendu justice aux vertus privées de Christophe de Beaumont (il ne s'agit point ici d'apprécier sa conduite comme homme public),

---

prisonniers (*voy.* ci-dev. pag. 8 et note, *ibid.*) le fut seulement au milieu de juillet (*voy.* de Thou, *suprà*, liv. 31, tom. II, p. 134 à 136).

Ajoutons qu'à Grenoble même, les catholiques, après avoir repris la ville, aussi au milieu de juin (le 14), s'étaient livrés à des excès non moins graves que ceux reprochés aux protestants par les témoins de notre enquête; que, par exemple, de l'aveu même de Chorier (tom. II, p. 564, 565), ils avaient précipité plusieurs protestants dans l'Isère et pillé quelques-unes de leurs maisons; ce qui rend vraisemblable cet autre fait rapporté par Théodore de Bèze (*suprà*, tom. III, p. 268), savoir qu'ils avaient aussi déchiré et brûlé les livres de leurs adversaires.

(1) Voyez pag. 7 et 8, notes.

à la régularité de ses mœurs, à son inépuisable charité, etc.; un seul travers a pu lui être reproché, savoir une espèce d'infatuation pour la noblesse de sa famille[1]. Il fit travailler à grands frais et pendant trente années à sa généalogie, dans le but surtout de se rattacher à l'ancienne maison des Beaumont du Dauphiné (la sienne était du Périgord). Nous devons à ce travers l'histoire généalogique de cette maison, en deux volumes in-folio (1779), ouvrage fort précieux à cause du nombre immense de documents authentiques qu'il contient[2], et que Beaumont avait recueillis en salariant ce qu'on nommait alors des déchiffreurs, et des habiles déchiffreurs, dans les principales villes du midi de la France. (*Voy. ci-après, note* A, *p.* 33).

On pressent, par les dépenses énormes où l'en-

---

(1) Sa morgue, dit le continuateur de Ladvocat (*Dictionnaire*, mot Beaumont, édit. de 1789 (supplém.) et de 1821), « Sa morgue sur sa noblesse et trop peu de lumières pour discerner la justesse des opinions qu'il embrassait et qu'il soutenait opiniâtrement, ont donné lieu à des troubles qu'un prélat plus éclairé aurait su éviter. »

Il est un peu étrange, observe-t-on à ce sujet dans *le Dictionnaire* de Chaudon et Landine, continué par Goigoux (même mot, édit. de 1821), que l'auteur de ce jugement, d'ailleurs impartial, donne pour origine aux troubles ecclésiastiques de la France la manie vraie ou fausse de descendre d'une ancienne famille.

(2) Il fut imprimé à l'imprimerie du cabinet du roi; il ne paraît pas avoir été mis dans le commerce; mais grâce aux dons de l'archevêque ou de ses parents, on le trouve dans presque toutes les grandes bibliothèques.

traîna cet ouvrage, combien l'archevêque de Paris attachait d'importance à être considéré comme un des membres de l'ancienne famille des Beaumont du Dauphiné. Nous n'avons point émis d'opinion sur la question de savoir si sa prétention à cet égard était fondée. On pressent, par les expressions, *sa manie vraie ou fausse*, employées ou adoptées par Chaudon, Delandine et Goigoux (*voy.* ci-devant, note 1, p. 28), que son Histoire généalogique avait trouvé plusieurs incrédules. Leurs doutes étaient-ils légitimes?... Cette autre question est trop oiseuse pour qu'on puisse se résoudre à employer ou plutôt sacrifier à sa solution le temps ou même une petite partie du temps qu'elle exigerait, car il faudrait rechercher et examiner un grand nombre d'actes; nous nous bornerons à quelques remarques.

Premièrement, plus d'un siècle avant qu'on travaillât à cette généalogie, plusieurs érudits, tels que Le Laboureur[1], avaient déclaré que depuis longtemps la famille de Beaumont était éteinte, et leur avis avait été adopté par divers écrivains, tels que le Père Daniel[2]. On pense bien que l'auteur de l'*Histoire généalogique* soutient que ces érudits sont dans l'erreur[3]; mais les té-

---

(1) Additions aux Mémoires de Castelnau, 1659, tom. II, p. 23.

(2) *Histoire de France*, édit. de 1713, in-folio, tom. III, p. 815.

(3) Introduction, tom. I, p. 12 et suiv.

moignages des généalogistes dauphinois, c'est-à-dire de Valbonnais et d'Allard, dont il s'appuie en cette occasion, ne lui sont guère favorables. Celui des deux, en effet, dont le suffrage est le plus important, parce que, comme président de la chambre des comptes de Grenoble, il avait à sa disposition les meilleurs documents sur les familles, Valbonnais dit bien, dans son édition de 1722[1], que la maison de Beaumont subsiste encore; mais il ajoute que c'est dans les branches d'Autichamp, de Beaumont et de Saint-Quentin, toutes fixées en Dauphiné, ce que Chorier confirme[2], au moins pour l'année 1671; encore ne parle-t-il point de la branche de Saint-Quentin.

Or, l'*Histoire généalogique* ne fait descendre l'archevêque de Paris d'aucune de ces branches; elle fait au contraire remonter la sienne, la branche de Durepaire, à un degré bien antérieur à leur formation, et elle la présente d'ailleurs comme établie depuis longtemps hors du Dauphiné[3].

---

(1) Valbonnais, *Histoire du Dauphiné*, 1722, tom. II (preuves), p. 46.
(2) *Nobiliaire ou État politique du Dauphiné*, 1671, tom. II, mot Beaumont.
(3) Il la fait descendre d'Amblard de Beaumont, ministre d'Humbert II, au milieu du xive siècle, et les dernières branches d'Autichamp et de Saint-Quentin (les premières n'existaient plus) ne commencèrent que vers la fin du xvie. (*Histoire généalogique*, tom. I, tableau contenant la division générale des branches, p. 1; autres, p. 399 et 589.)

Gui-Allard, il est vrai [1], parle aussi d'une branche de Pompignan établie hors de la même province; mais ce qu'il en expose n'appuie guère mieux les prétentions de l'historien généalogiste. D'une part, il dit que cette branche s'était fixée en Auvergne, et tout au plus depuis soixante ans, c'est-à-dire depuis environ 1611, et l'historien généalogiste la place en Quercy, et l'y dit établie depuis environ 1577 [2], ou trente-quatre ans avant l'époque fixée par Allard.

En second lieu, Allard ne cite même pas la branche des Durepaire dont descend l'archevêque, et qui était fixée en Périgord; et quoique l'historien généalogiste la rattache à la branche de Pompignan, en présentant le premier des Beaumont-Durepaire comme frère cadet du premier des Beaumont-Pompignan [3], il est bien difficile qu'Allard, au bout d'environ un siècle, eût pu confondre dans une seule branche deux branches distinctes, et toutes les deux ayant plusieurs degrés et comptant beaucoup de membres.

Enfin, Allard déclare franchement qu'il ne fait pas l'histoire de la branche de Pompignan, parce qu'il n'a pu en avoir les titres [4], d'où l'on pour-

---

(1) *Nobiliaire du Dauphiné*, 1671, mot Beaumont, Vie du baron Des Adrets, citée p. 6.

(2) *Histoire généalogique*, tom. I, p. 560 et 561.

(3) Même Histoire, tom. I, p. 593.

(4) *Histoire des maisons du Dauphiné*, 1630, in-4°, tom. III, citée dans *l'Histoire généalogique*, tom. I (introduction), p. 12.

rait conclure que sa citation de cette branche, inconnue à Valbonnais [1] et à Chorier, était une de ces citations de complaisance arrachées si souvent aux généalogistes.

Deuxièmement, le premier auteur qui ait approuvé la prétention de l'archevêque de Paris est le président Hénault [2], dans son *Abrégé chronologique*, article de l'année 1349. Mais voici encore un suffrage qui, à raison des circonstances dans lesquelles il a été donné, ne paraît pas d'une fort grande importance. En effet, on ne le trouve point dans la première édition de l'*Abrégé*, publiée par Hénault en 1744, ni dans les trois sui-

---

(1) On pourrait même dire que Valbonnais n'admettait pas que les Pompignan fussent de la famille de Beaumont. En premier lieu, écrivant fort longtemps (40 et 50 années) après Allard, et connaissant les ouvrages de cet historien généalogiste, l'omission qu'il fait de la branche de Pompignan indiquée par Allard est un signe qu'il ne partageait pas l'opinion de celui-ci sur l'origine de cette branche. En deuxième lieu, il fait descendre le baron Des Adrets, d'Amblard de Beaumont Ier. Il exclut donc indirectement les Pompignan et les Durepaire puisque, d'après l'Histoire généalogique, d'une part, ils ont été dès le XVIe siècle les seuls descendants d'Amblard, et, de l'autre, le baron Des Adrets descendait d'un frère aîné du même Amblard.

(2) Nous ne parlons pas du continuateur de Moréri, qui, dans son édition de 1759, a inséré une généalogie conforme aux prétentions de l'archevêque; il admettait sans difficulté toutes celles qu'on lui présentait, à moins que cela ne pût blesser quelque famille puissante, et dans cette occasion les anciens Beaumont devaient au contraire être flattés des prétentions du prélat.

vantes publiées en 1746, 1749 et 1756; il a été ajouté, et sans aucune nécessité, en 1768, dans la cinquième édition, au passage où l'on parle du traité par lequel Humbert II céda le Dauphiné à Philippe de Valois. « Le roi, y dit-on, eut la prin- « cipale obligation de ce traité à Amblard de « Beaumont, confident et ministre de Humbert; » chose qui était déjà assez peu utile à consigner dans un abrégé. Mais ce qui était tout-à-fait inutile à dire, c'est ce qu'on ajoute aux mots : *ministre de Humbert*, savoir cette phrase : *dont la maison subsiste encore aujourd'hui*; et ce qui l'était encore plus, s'il est possible, cette autre phrase : *l'archevêque de Paris en descend*.

Voilà assurément un hors-d'œuvre qui fut accordé par pure complaisance, et qu'un homme puissant comme l'archevêque ne dut pas même avoir beaucoup de peine à obtenir d'un courtisan plus qu'octogénaire. (Hénault avait quatre-vingt-trois ans... il mourut deux ans après.)

A. Note renvoyée de la page 28, *ligne* 15.

Grenoble étant la ville capitale de la province des anciens Beaumont, on pressent que l'archevêque de Paris y employa surtout des déchiffreurs ou généalogistes, ce qui y fit connaître son espèce de monomanie et engagea à en tirer parti dans une circonstance assez singulière.

Jusques aux trois quarts du XVIIIe siècle, la partie de la Savoie qui forme aujourd'hui le diocèse, ou au moins une grande partie du diocèse de Chambéry, dépendait de l'évêché de Grenoble. Victor-Amédée III demanda alors au pape d'ériger un évêché dans l'ancienne capitale de ses États. Lorsque ces démarches furent connues, comme l'érection sollicitée devait être défavorable au chapitre de la cathédrale de Grenoble, en ce qu'elle devait aussi le priver de certains revenus, il demanda au gouvernement français de l'en indemniser en lui faisant unir quelque bénéfice simple, comme un prieuré, une abbaye. Sa demande fut à peine écoutée. Il envoya à Paris, pour tâcher de la faire valoir, un de ses membres, l'abbé Barthélemy, chanoine théologal, fils et frère des deux premiers avocats de la province.

Bientôt après son arrivée dans la capitale, le député apprit la cause de la froideur de l'accueil fait à la réclamation du chapitre. Elle était hautement blâmée par l'archevêque Beaumont, qui était souvent consulté sur les affaires ecclésiastiques et jouissait d'un grand crédit. Beaumont, quoique fort sobre, tenait dans son château de Conflans [1] ce qu'on nommait une table ouverte. Barthélemy s'y fit présenter un jour par un ecclésiastique connu, et c'est tout ce qui suffisait pour y être admis. Au milieu du repas, son patron parla de la demande du chapitre de Grenoble; Beaumont répéta sa critique, observant que la diminution du revenu du chapitre serait peu considérable pour chaque chanoine, et que pour le service qu'ils rendaient à l'Église ils seraient encore assez rétribués. « Excusez-moi, monseigneur, dit Barthélemy, si je prends la liberté de vous demander ce que le chapitre de Grenoble a fait à votre illustre famille? Un de ses membres les plus éminents, les plus célèbres, le baron Des Adrets, commandant général de toutes les armées des protestants du Midi, après avoir pris Grenoble, en 1562, fit brûler nos archives, ce qui nous priva de rentes considérables, dont les censitaires de mauvaise foi ne voulurent pas renouveler les reconnaissances [2];

---

(1) Près de Charenton... C'est encore la maison de plaisance des archevêques de Paris.

(2) *Voy.* ci-devant, page 11.

et aujourd'hui, vous, monseigneur, vous le chef de la maison du baron, vous vous opposez à ce qu'on nous indemnise de la perte que nous causera un événement non moins imprévu et non moins difficile à prévenir que la prise de Grenoble!

— Vous l'entendez, messieurs, s'écria Beaumont, dont l'histoire généalogique n'était pas encore publiée [1], voilà le fils et frère des deux plus savants avocats du Dauphiné, qui doit connaître toutes les grandes familles de sa province! il reconnaît que je suis de celle des Beaumont, de celle du baron Des Adrets, commandant général d'armées il y a déjà plus de deux siècles [2]!... L'abbé! venez me parler demain!»

Barthélemy ne manqua pas au rendez-vous. Il connaissait l'histoire du pays; il s'en était même occupé dans un ouvrage spécial [3]. Il sut citer dans l'entretien les Beaumont les plus illustres, tels que Amblard Ier, dont l'archevêque prétendait des-

---

(1) Elle ne le fut qu'une ou deux années après.

(2) L'histoire généalogique déjà citée prouve encore mieux que cette exclamation combien Christophe tenait à honneur la parenté de Des Adrets. Son tome Ier (le tome II est pour les preuves), qui a 635 pages, se divise en livres et les livres en chapitres, au nombre en tout de 80, dont chacun est consacré à un chef de branche ou de rameau, etc., de la famille. Tout ce qu'on a pu réunir sur la vie, les mariages, les enfants de ces chefs n'a pu fournir que 2, 3, 4, 5 ou 6 pages, si l'on en excepte un seul, savoir : Humbert d'Autichamp, dont le chapitre en a 20 (p. 141 à 160); tandis que celui du baron Des Adrets occupe seul 80 pages (263 à 344). Celui d'Amblard Ier, dont nous allons parler au texte, occupe aussi, il est vrai, 80 pages; mais on y fait plutôt un récit de la vie d'Humbert II que de la sienne.

(3) Histoire manuscrite du diocèse de Grenoble... Nous en avons lu, en 1828 (9 mai) un fragment à la Société, et nous en avions publié précédemment deux autres dans les Annuaires statistiques de l'Isère. (*Voy.* notre édition de Boileau, 1830-1834, tom. Ier, pag. ccxvij).

N. B. Nous rappelons à cette page ccxvij, que Barthélemy nous avait communiqué plusieurs fragments de la même histoire, et nous y indiquons le sujet de ceux que nous avions insérés dans les Annuaires de l'Isère. Le fragment lu à la Société, en 1828, était relatif aux Bienfaits dont la ville de Grenoble avait été jadis redevable à saint Hugues, et à divers changements qu'elle avait éprouvés.

Ajoutons que Barthélemy était membre de l'académie Delphinale; qu'il y avait lu une Notice historique sur Marguerite de Bourgogne, femme de Guigues IV,

cendre en ligne directe, et qui, quatre siècles auparavant, était principal ministre de Humbert II, dernier souverain du Dauphiné¹. Il est inutile d'ajouter qu'il réussit, dans sa mission, dont lui-même nous a ensuite donné tous les détails.

dauphin de Viennois, et qu'il avait publié en 1774, un Éloge de Louis XV. Voir la Biographie universelle et portative des Contemporains, par MM. Rabbe, Boisjolin et Sainte-Beuve, tom. Ier, pag. 259.

(1) Valbonnais, *Histoire du Dauphiné*, 1722, tom. Ier, pag. 394, à la table, et tom. II, pag. 246.

IMPRIMERIE DE E. DUVERGER,
Rue de Verneuil, nº 4.

www.ingramcontent.com/pod-product-compliance
Lightning Source LLC
Chambersburg PA
CBHW060903050426
42453CB00010B/1554